EXTRAIT DE L'OBSERVATEUR DES TRIBUNAUX,

JOURNAL DES DOCUMENS JUDICIAIRES. — TOME X.

Cour d'Assises.

PLAINTE
EN
DIFFAMATION

DE M. LE PRÉSIDENT DU CONSEIL DES MINISTRES,

CONTRE MM. SARRANS, RÉDACTEUR EN CHEF DE LA *Nouvelle Minerve*, ET LE GÉNÉRAL LATAPI,

Au sujet d'un Article

SUR

LES ÉVÉNEMENS D'ESPAGNE.

PARIS.

BUREAU DE L'OBSERVATEUR DES TRIBUNAUX;

RUE DU FAUBOURG-MONTMARTRE, N° 10.

1836.

PLAINTE

EN

DIFFAMATION

DE M. LE PRÉSIDENT DU CONSEIL DES MINISTRES

CONTRE

M. SARRANS,

RÉDACTEUR EN CHEF DE LA NOUVELLE MINERVE,

ET LE GÉNÉRAL LATAPI.

COUR D'ASSISES DE LA SEINE.

(Présidence de M. Vergès.)

AUDIENCE DU 26 OCTOBRE 1835.

I. POSITION DES FAITS.

L'affaire de *la Nouvelle Minerve* a excité au plus haut degré la curiosité publique.

On se rappelle les circonstances qui ont donné lieu à ce procès. Le *Journal des Débats* publia sur les événemens d'Espagne un article qui parut aux journaux de l'opposition un pas fait par le gouvernement vers don Carlos. Deux de ces journaux prétendirent, et après eux *la Nouvelle Minerve* rapporta avec des circonstances plus précises, que l'article du *Journal des Débats*, qui contenait un détail assez exact des positions et des manœuvres de don Carlos, était extrait d'un mémoire présenté au ministre des affaires étrangères et à M. Guizot par

M. le général Latapi, envoyé de don Carlos. Cette assertion fut suivie de deux démentis dans le *Journal de Paris*. Ces démentis furent déclarés faux par *la Nouvelle Minerve*, qui écrivit en ces termes au *Courrier Français* :

« MONSIEUR,

« Je pense ainsi que vous que le point de controverse qui s'est élevé entre le ministère des affaires étrangères et *la Nouvelle Minerve* ne saurait être trop promptement ni trop clairement résolu. Le public trouvera ma réponse au dernier démenti du *Journal de Paris* dans la lettre que je reçois à l'instant de M. le général Latapi ; elle est conçue en ces termes :

« Monsieur le rédacteur,

« Un impardonnable abus de confiance vous a livré des « faits destinés à rester secrets. Je dois plus que personne « déplorer la position cruelle où je me suis mis par une faute « qui n'est pas la mienne. Mais la dignité de mon caractère « est malheureusement mise en cause, et je suis dans la triste « nécessité de dire que le démenti qui vous a été donné par « le *Journal de Paris* n'est pas fondé. »

« Paris, 20 octobre 1835. *Signé* LATAPI.

« Pénétré d'un profond sentiment de dégoût pour la triste moralité des hommes entre les mains desquels sont tombées les destinées de la France, je laisse à l'opinion publique le soin de prononcer entre la véracité doctrinaire et celle de *la Nouvelle Minerve*.

« Le rédacteur de *la Nouvelle Minerve*,

SARRANS jeune. »

C'est à l'occasion de ces lettres que M. le ministre des affaires étrangères porta plainte en diffamation contre M. Sarrans, rédacteur en chef de *la Nouvelle Minerve*, et contre M. le général Latapi.

II. INCIDENT

SUR LA NON-COMPARUTION DU GÉNÉRAL LATAPI.

L'auditoire est fort nombreux; parmi les personnes présentes on distingue MM. Vivien et Camille Paganel, députés, et un très-grand nombre de magistrats.

M. le président : J'invite le public à observer le plus profond silence; toutes marques d'approbation ou de désapprobation sont défendues par la loi.

Interpellé par M. le président, M. Bernard Sarrans déclare être âgé de quarante ans et homme de lettres.

M. le président : M. Latapi est-il présent?

Me Bouloumier : M. Latapi ne se présente pas; son fondé de pouvoir n'est pas encore arrivé. (Marques d'étonnement.)

M. le président : Vous êtes provisoirement son fondé de pouvoir comme avocat.

Me Ledru-Rollin, avocat de M. Sarrans : Je pose des conclusions tendantes à ce qu'il plaise à la Cour :

« Attendu qu'aux termes de l'art. 185 du Code d'instruction
« criminelle, dans les affaires même dans lesquelles le prévenu
« peut se faire représenter par un mandataire, le tribunal a
« cependant le droit d'ordonner la comparution en personne
« du prévenu;

« Attendu qu'il importe à la défense du sieur Sarrans que
« le sieur Latapi s'explique en personne sur les griefs qui lui
« sont imputés;

« Ordonner que le sieur Latapi sera tenu de comparaître à
« l'audience d'aujourd'hui 26, et qu'il sera sursis à tous les
« débats hors de sa présence. »

Développant ces conclusions, Me Ledru-Rollin pose en principe que tout individu attaqué doit comparaître en personne devant la justice, qu'il n'y a exception que dans le cas où la peine d'emprisonnement n'est pas prononcée par la loi;

et il soutient que ce principe régit les délits de la presse comme tous les autres.

« A ces considérations de droit, continue l'avocat, permettez-moi, messieurs, de joindre en deux mots quelques considérations de fait. Nous sommes prévenu de diffamation par M. le président du conseil, parce qu'il soutient que les rapports que nous prétendons avoir existé entre lui et M. le général Latapi sont inexacts. La Cour comprendra que ce fait ne peut être éclairci devant le jury hors de la présence de M. Latapi et sans un débat contradictoire avec lui. Il est des circonstances de temps, de lieux, des souvenirs de localités, qui peuvent souvent dans un débat contradictoire servir à rappeler des souvenirs qui s'égarent, ou prouver des faits que l'on voudrait nier. Ainsi, quand nous soutiendrons que M. Latapi nous a dit que M. de Broglie était un homme de capacité ordinaire, et M. Guizot un homme éminemment capable, on comprend que de telles choses ne peuvent être sorties de notre cerveau, et qu'un débat contradictoire peut seul les faire établir.

« Nous savions au reste que M. le général Latapi ne devait pas, ne pouvait pas se présenter. Il sentait en effet que sa position à ces débats ne pouvait être que celle d'un malhonnête homme... Mais quand on a encouru la honte, il faut savoir la subir. (Mouvement.)

« Hier, M. le général Latapi s'est rendu chez M. Sarrans, qui répugnait beaucoup à lui ouvrir sa porte. Il lui a dit qu'il se présenterait aujourd'hui. Maintenant, il recule devant le grand jour des débats ; la Cour comprendra de quelle importance est sa comparution : elle ordonnera qu'il y paraisse. »

M. le président : Concluez-vous à ce que la Cour prononce une remise, ou à ce qu'un mandat d'amener soit donné pour faire conduire M. Latapi à ces débats ?

Me Ledru-Rollin ; Nous désirons que M. Latapi comparaisse

en personne et qu'on ne fasse rien jusqu'à ce qu'il soit présent à ces débats.

Me Bouloumier, avocat de M. Latapi : Je n'ai pas l'intention de m'opposer aux conclusions prises par l'avocat de M. Sarrans; je ne veux dire qu'une chose en fait, c'est qu'il est constant que M. Latapi est aujourd'hui dans l'impossibilité de comparaître à cette audience : s'il ne s'agit que de constater ce fait, la Cour le peut dès ce moment.

M. Sarrans : On dit que M. Latapi est dans l'impossibilité absolue de se présenter.

Me Bouloumier : J'ai dit que M. Latapi était gravement indisposé.

M. Sarrans : Je dois dire ici la vérité tout entière et sans déguisement...

M. le président : Renfermez-vous dans l'incident.

M. Sarrans : Je ne parle que sur l'incident. Hier, M. Latapi s'est présenté chez moi ; je l'ai reçu à ma grande répugnance. Son avocat est également venu ; il m'a déclaré qu'il était honteux d'avoir eu des rapports soit directs, soit indirects avec M. Latapi.

Me Bouloumier : Je demande la parole...

M. Sarrans : Vous me l'avez déclaré positivement.

M. le président : Votre avocat a demandé, soit une remise, soit un mandat d'amener contre M. Latapi.

M. Sarrans : Je parle sur l'incident, et je veux établir que M. Latapi n'est pas, comme il l'allègue faussement, dans l'impossibilité de se présenter. Monsieur son avocat m'a déclaré positivement aujourd'hui même, et à cette place, que M. Latapi n'était pas malade, mais qu'hier à minuit il s'était présenté chez lui, et lui avait dit qu'il ne se sentait pas la force d'affronter la honte de l'audience, et qu'il ne comparaîtrait pas.

Me Bouloumier : M. Sarrans m'a probablement mal compris. Il est vrai qu'avant l'audience M. Sarrans étant venu m'interpeller sur le point de savoir si M. Latapi se rendrait aux débats, je lui ai répondu qu'hier soir encore il était dans l'intention de comparaître; mais que ce matin, étant indisposé et craignant aussi, il faut le dire, la saleté de ces débats, il ne pouvait pas venir.

M. Martin (du Nord), procureur-général: Il faut réduire à leur juste valeur les conclusions prises. Nous pensons qu'elles se réduisent à une demande de remise. On demande, en effet, que la Cour use de son droit pour se faire comparaître le sieur Latapi. Nous ne pensons pas qu'il y ait une disposition de loi qui donne à la Cour une pareille faculté. La Cour peut contraindre les témoins, elle ne peut user du même droit à l'égard des prévenus. La loi leur accorde le droit de faire défaut; quand il s'agit d'un délit de la presse, ils peuvent toujours se faire représenter par un fondé de pouvoir. Au surplus, nous acquiesçons bien volontiers au désir exprimé par M. Sarrans à cette audience; nous pensons comme lui que lorsqu'on est appelé devant la justice, il vaut mieux s'y présenter en personne que de s'y faire représenter par un fondé de pouvoir. Mais il s'agit d'un droit dont on ne peut dépouiller un prévenu.

Me Chaix-d'Est-Ange: Au nom de M. le duc de Broglie, partie civile, je n'ai qu'une seule observation à faire. Je désire assurément, comme M. Sarrans, que la plus grande lumière règne sur ces débats; j'appelle sur ces débats le plus grand jour, et j'applaudis à tout ce qui a été dit pour arriver à la vérité; c'est là mon plus ardent désir. Mais nous ne pouvons pas consentir à ce qu'audience nous soit refusée jusqu'à ce que M. Latapi se soit présenté ou ait été contraint à se présenter; nous ne pouvons pas consentir à ce que le cours de la justice soit retardé jusqu'à ce qu'il plaise à M. Latapi de comparaître.

Me Ledru-Rollin: Nous avons si peu intention de temporiser, d'obtenir remise, que nous offrons un moyen de lever toute difficulté: nous concluons subsidiairement à ce que la Cour fasse assigner M. le général Latapi comme témoin. Dès

lors la Cour aura en main le pouvoir de faire paraître M. Latapi à ces débats.

Après un quart d'heure de délibération, la Cour rentre en séance et prononce l'arrêt suivant :

« Considérant que le droit de décerner des mandats d'amener appartient soit à la Cour soit à son président ;

« Attendu que ce droit s'exerce contre le témoin non comparant, et jamais contre un prévenu, lequel a toujours le droit de faire défaut sur l'assignation donnée ;

« Considérant qu'en matière de presse et d'après les dispositions de la législation spéciale à cet égard, lesquelles dérogent à l'article 185 du Code d'instruction criminelle, les prévenus peuvent se faire représenter par des fondés de pouvoir ;

« Que ces dispositions sont favorables à la liberté de la défense ;

« Considérant que Me Bouloumier s'est présenté aux débats comme fondé de pouvoir du sieur Latapi ; qu'il a, en cette qualité, assisté au tirage des jurés ;

« Qu'ainsi la cause est liée contradictoirement entre toutes les parties ;

« Dit qu'il n'y a pas lieu à statuer sur les conclusions prises par le sieur Sarrans, et ordonne qu'il soit passé outre aux débats. »

III. INTERROGATOIRE ET DÉBATS.

M. le greffier donne lecture de la plainte de M. le ministre des affaires étrangères, et du réquisitoire de M. le procureur-général.

M. le président : Monsieur Sarrans, vous avez fait assigner des témoins : on va en faire l'appel. Bien que la notification qui a été faite à M. le procureur-général ne contienne pas, comme la loi l'exige, l'énonciation des faits sur lesquels ils doivent être interrogés, monsieur le procureur-général ne s'oppose pas... ?

M. le procureur-général : Non, monsieur le président.

On fait l'appel des témoins, au nombre de sept : ce sont Mme la duchesse d'Istrie, Mme la duchesse douairière d'Istrie ; MM. Parker, rentier, Lesseps, Bouffet de Montauban, de Perigny et de Courbonne.

Me Chaix-d'Est-Ange : Bien que M. le ministre des affaires étrangères ne s'oppose aucunement à l'audition des témoins, même irrégulièrement cités, il se réserve le droit d'en faire entendre dans le cas où cela deviendrait nécessaire.

Me Ledru-Rollin : C'est très-juste.

M. le président à M. Sarrans : Avant l'audition des témoins, j'ai quelques explications à vous demander. Vous reconnaissez-vous l'auteur de l'article du 11 octobre dans lequel il est dit que l'article du *Journal des Débats* du 7 octobre, relativement aux affaires d'Espagne, n'est que l'extrait d'un mémoire communiqué au ministre des affaires étrangères par un colonel français, brigadier au service de don Carlos, M. Latapi?

M. Sarrans : Je m'en reconnais l'auteur.

M. le président : Vous reconnaissez-vous également l'auteur de l'article du 18 octobre dans lequel il est avancé que la conversation de M. Latapi avec le ministre des affaires étrangères se serait terminée par ces mots de M. Guizot : *Les Espagnols ne sont que de la canaille*?

M. Sarrans : Oui, monsieur le président.

M. le président : Enfin, est-ce vous qui êtes l'auteur de l'article qui a motivé la plainte de M. le ministre?

M. Sarrans : Oui, monsieur.

M. le président : Persistez-vous dans les allégations de cette lettre?

M. Sarrans : Oui, j'y persiste.

M. le président : Je vous ferai remarquer que vous faites ainsi cause commune avec M. Latapi pour dire que les faits

articulés sont vrais, que vous assumez sur vous toute la responsabilité de ses assertions.

M. Sarrans : Je n'assume nullement la solidarité en ce qui touche la véracité des faits en eux-mêmes ; mais je maintiens ma lettre au *Courrier français*, et je dis que tous les faits qui y sont relatés ont été articulés nettement, catégoriquement et ostensiblement par M. Latapi en présence de témoins.

M. le président : J'insiste sur mon observation. Il résulte des articles que vous avez publiés que vous adoptez comme vôtres les imputations de M. Latapi.

M. Sarrans : J'espère que MM. les jurés ne seront pas de votre avis sur la question de solidarité.

M. le président : Je ne manifeste pas d'opinion.

M. Sarrans : A l'égard des expressions que contiennent mes articles, elles sont faciles à justifier. Je me trouvais sous le poids d'un démenti qui m'était donné, non par M. le ministre, mais par le *Journal de Paris* (je ne sais pourquoi le ministre fait cause commune avec ce journal) ; Il me fallait y répondre, et j'ai dû, pour le faire, avoir des élémens suffisans de conviction dans la déclaration de M. le général Latapi, que je croyais homme d'honneur.

M. le président : MM. les jurés apprécieront.

M. Sarrans : Quant à l'expression *sur le dégoût que m'inspirent les hommes chargés des destinées de la France*, elle ne constitue qu'une attaque collective que je suis prêt à soutenir et à justifier.

M. le président : Où avez-vous connu le général Latapi ?

M. Sarrans : Je ne l'ai vu qu'une fois, le jour où j'ai eu occasion de faire appel à son honneur.

M. le président : C'est vous qui lui avez demandé la lettre qu'il a écrite?

M. Sarrans : Oui, monsieur.

M. le président : A-t-il opposé quelque résistance? Avait-il son libre arbitre en la signant?

M. Sarrans : Ceci demande quelques explications. (Marques de curiosité.)

Quand j'ai vu que les faits que j'avais avancés étaient contestés, j'ai voulu remonter à la source ; je suis allé trouver le général Latapi, et je lui ai dit : « Général, on dément les faits que vous avez articulés devant témoins ; ma véracité se trouve ainsi mise en question ; vous êtes un homme d'honneur, il faut que vous déclariez publiquement que j'ai dit vrai. » M. Latapi hésita : il me dit qu'il se trouvait en butte à des vengeances ministérielles et qu'il était vulnérable de plusieurs côtés. « Ma situation est pénible, ajouta-t-il. — Je le conçois, répliquai-je, mais entre la difficulté de votre position et le démenti qui m'est donné, il n'y a pas de transaction possible. Il me faut une lettre, ou je vous déclare que toutes les circonstances de cette affaire seront divulguées dans le plus grand détail, et que les noms des témoins qui ont entendu votre conversation seront indiqués. »

M. Latapi me déclara alors que tous les faits que j'avais signalés étaient vrais, et que s'il eût dû partir de Paris le soir même, il m'en dirait bien d'autres. « Mais, ajouta-t-il, si le ministère a besoin de moi, j'ai encore plus besoin de lui. Il faut donc des ménagemens. »

Nous sortîmes pour la rédaction de la lettre que je demandais, et nous entrâmes dans un cabinet littéraire. Un monsieur qui s'y trouva nous engagea à monter chez lui, et c'est là que la lettre a été rédigée. M. Latapi disait : « Je vais m'y prendre de manière à ménager ma position. Je dirai qu'on m'a enlevé mes papiers. » Enfin la lettre a été rédigée, non par M. Latapi lui-même, mais par M. Lesseps. Chacune des phrases était soumise à l'approbation de M. Latapi avant d'écrire la phrase suivante ; et quand la lettre fut terminée, il la prit dans ses mains, la lut et la signa ; en un mot M. Latapi l'a approuvée de point en point ; il l'a lue, relue, et avant de la signer il l'a méditée pendant un quart d'heure.

M. le président : A-t-il ajouté quelque chose de sa main, outre la signature?

M. Sarrans : Oui; il s'aperçut qu'il n'y avait pas de date, et c'est lui qui a daté. (Mouvement.)

M. le président : Vous savez, sans doute, que deux jours après, le même homme est allé au parquet du procureur du roi faire une déclaration contraire... (Rumeur dans l'auditoire.)

Me Bouloumier : Je dois déclarer...

M. le président : Vous parlerez tout-à-l'heure. Je vais d'abord donner lecture de la rétractation. (Silence profond.)

Voici le texte de cette pièce :

« L'an mil huit cent trente-cinq et le vingt-deux octobre, à « cinq heures du soir,

« Est comparu devant nous, Louis-Henri Desmortiers, pro- « cureur du roi près le tribunal de première instance de la « Seine, en notre cabinet, au Palais-de-Justice, M. Albert de « Latapi, âgé de quarante-sept ans, demeurant à Paris, rue « d'Alger, n. 13,

« Lequel nous a fait, volontairement, la déclaration sui- « vante :

« Vous avez sans doute lu aujourd'hui, dans les journaux, « une lettre signée de moi, relative à l'article publié, il y a « peu de jours, dans le *Journal des Débats*, sur les affaires « d'Espagne. Voulant, monsieur, prévenir les suites fâcheuses « qui pourraient résulter de cette lettre, je viens rétablir de- « vant vous la vérité des faits.

« Il y a un mois environ, je me trouvai pour la première « fois aux Tuileries, dans la grande allée, avec MM. Médoc, « employé aux finances; Fournier-Verneuil, Lesseps, employés « chez M. Mauguin ; et plusieurs autres personnes. Là, il fut « question des affaires d'Espagne, et dans une discussion sur sa « position, je donnai des explications à peu près semblables à « celles qui ont été publiées depuis dans le *Journal des Débats*.

« Le jour que l'article du *Journal des Débats* parut, plusieurs « de ces personnes me dirent aux Tuileries, où je les rencontrai « de nouveau, que j'étais l'auteur de l'article du *Journal des* « *Débats*. Je leur répondis en plaisantant que cela était vrai, et « que je l'avais donné à M. de Broglie.

« Je reçus à cette occasion beaucoup de complimens, et nous « nous séparâmes. J'étais loin de penser qu'on aurait pris au « sérieux ce que je venais de dire. Quelques jours après, je « lus dans *le Messager* que le ministère était l'auteur de l'ar- « ticle dont je viens de parler, et que cet article lui avait été « donné par moi. J'en fus extrêmement étonné, et je cherchai « inutilement quelle était la personne qui l'avait fait insérer « dans le journal. *La Minerve* du dimanche suivant l'ayant ré- « pété, ainsi que plusieurs autres journaux, le *Journal de Pa-* « *ris* démentit cette assertion, déclarant que le ministère était « tout-à-fait étranger à cet article, et que ni M. le ministre « des affaires étrangères, ni M. le ministre de l'instruction pu- « blique, n'avaient eu aucune relation avec moi.

« Ayant, avant-hier, 20 de ce mois, rencontré, sous les ar- « cades de la rue de Rivoli, plusieurs personnes dont j'ai « parlé, et notamment M. Lesseps et M. Montauban, je me « plaignis à eux de ce que les journaux avaient parlé de notre « conversation. Ils me répondirent alors que, le *Journal de* « *Paris* ayant poussé à bout *la Minerve*, elle se trouvait dans « la nécessité de demander une attestation signée de toutes les « personnes qui m'avaient entendu dire que j'avais donné l'ar- « ticle à M. le duc de Broglie.

« J'exprimai à ces messieurs combien j'étais contrarié de « tout ce qui s'était passé, et ce fut alors que M. Lesseps me « proposa de faire une lettre, en assurant qu'il ne serait plus « question de rien. J'y consentis. Nous entrâmes chez l'un de « ces messieurs, qui demeure rue de la Paix, 10 ou 16, et là, « M. Lesseps rédigea lui-même la lettre. Il en donna lecture. « J'hésitai pendant une demi-heure, et ce ne fut qu'après plu- « sieurs instances réitérées de leur part, que je me déterminai

« à la signer. Le lendemain, je la vis, à ma grande surprise, « dans les journaux. Je m'aperçus que cette lettre, qui, dans « ma pensée, ne devait indiquer qu'une seule chose, c'est-« à-dire que je ne me croyais pas tout-à-fait étranger à l'ar-« ticle inséré dans le *Journal des Débats*, servait à démentir « toutes les assertions contenues dans l'article du *Journal de « Paris*.

« Je regrette qu'on ait pris au sérieux ce que je n'ai dit « qu'en plaisantant, et c'est dans ce but que je viens rétablir « devant vous la vérité des faits, et déclarer que je n'ai eu au-« cune relation avec M. le duc de Broglie, ni avec M. Guizot; « que je ne leur ai remis aucun mémoire, et qu'en un mot, « je suis totalement étranger à l'article du *Journal des Débats* « qu'on m'avait attribué. C'est tout ce que j'avais à dire.

« Nous avons donné lecture au comparant de sa déclaration, « et il nous a dit qu'elle contenait la vérité, qu'il y persistait, « et a signé avec nous.

« Signé LATAPI et DESMORTIERS. »

Après cette lecture, M. Sarrans demande la parole.

« J'ai, dit-il, deux observations à faire. Lorsque la lettre a été rédigée, M. Latapi m'a dit: « Soyez assez bon pour l'in-« sérer dans un coin du journal, et non ostensiblement. » Je m'y refusai de la manière la plus positive. Je lui répondis que je la ferais publier le jour même dans le *Courrier français*, et que je ferais tous mes efforts pour qu'elle fût reproduite dans les autres journaux.

« J'ajoute qu'hier, à quatre heures, M. Latapi vint chez moi, pour nous concerter, disait-il, sur la défense. Il me dit qu'il y avait des positions dans la vie où il fallait sacrifier même l'honneur. « Je n'en connais pas », lui répondis-je. Alors il voulut m'expliquer en balbutiant ce que contenait sa déclaration au procureur du roi, et il finit par dire qu'il avait déclaré dans cette pièce qu'en signant la lettre en question, il avait la certitude qu'elle ne serait pas publiée.

Me Bouloumier : Tout ce que vient de dire M. Sarrans est vrai, excepté toutefois une légère erreur dans la dernière partie ; il y a eu à cet égard une inexactitude involontaire et un malentendu. M. Latapi n'a pas parlé du secret promis à la lettre. Au reste, cela est indifférent.

M. le procureur-général, à M. Sarrans : Vous voyez que les faits dont vous avez parlé sont controuvés, et que la preuve de leur fausseté est faite par avance. Persistez-vous encore à en soutenir la vérité ?

M. Sarrans : Il ne faut pas d'équivoque : je persiste à soutenir que les déclarations de M. Latapi, que je ne pouvais considérer comme un imposteur, ont eu lieu, et qu'avant de les rapporter, je me suis assuré qu'elles avaient été faites.

M. le procureur-général : Ce n'est pas là votre position, car vous avez adopté comme vôtres les allégations que vous avez rapportées, et vous avez pris la responsabilité des assertions de M. Latapi.

M. Sarrans : J'ai répondu tout-à-l'heure à M. le président que je ne me portais pas garant de la vérité des faits, mais de la réalité des paroles prêtées au général Latapi. Au reste, je ne répondrai plus à ces questions, si ce n'est dans ma défense.

M. le procureur-général : Nous avons le droit de vous interroger, et votre devoir est de répondre.

Me Ledru-Rollin : La loi n'oblige pas le prévenu de répondre.

IV. AUDITION DES TÉMOINS.

Mme la duchesse douairière et Mme la duchesse d'Istrie sont absentes.

M. Arthur Parker est introduit.

Le témoin : Il y a un mois, nous étions devant le café Tortoni ; M. Latapi s'y trouvait et disait qu'il avait eu un entretien avec M. de Broglie et M. Guizot sur les affaires d'Espagne et la position de don Carlos. C'était une conversation tellement détaillée, qu'il était impossible de croire que M. Latapi en imposât.

Me Ledru : Quels détails donnait-il ?

M. Parker : Il disait qu'il avait fait remarquer aux ministres que don Carlos était en bonne position, et avait toutes les chances de succès. M. Guizot, ajoutait-il, a répondu : « Oui, « cela est vrai ; mais nous sommes liés par le traité de la qua- « druple alliance. »

M. le président : Quel jour était-ce ?

M. Parker : Le jour même où les journaux ont annoncé que don Carlos avait nommé la sainte Vierge généralissime de ses armées. (On rit.)

M. de Périgny, autre témoin, déclare qu'il y a quelques mois, aux Tuileries, il a entendu M. Latapi parler d'un mémoire sur l'Espagne qu'il avait remis au ministre des affaires étrangères. « Depuis, ajoute le témoin, l'article du *Journal des Débats* a paru, et on félicitait M. Latapi de ce que ce journal adoptait ses opinions. Il répondit à ces félicitations en disant que c'était son mémoire qui était passé des mains du ministre sous les presses du *Journal des Débats*. »

Le témoin rapporte ensuite les détails relatifs à la signature de la lettre, qui a été rédigée chez lui ; son récit confirme entièrement celui de M. Sarrans.

M. le président : Résultait-il des paroles de M. Latapi qu'il avait vu les ministres ? — R. Oui ; il a même ajouté qu'il aurait bien d'autres choses à révéler ; mais ces messieurs ont dit que cela était inutile.

M. le président : Quelle était la position de Latapi ?

Le témoin : J'ai su qu'il avait encouru la disgrâce de la restauration, pour avoir servi dans les cent jours.

M. le président : Mais ce titre de général lui appartient-il ?

Me Ledru-Rollin : Il est porté sur les cadres de l'armée, et il existe une ordonnance qui lui accorde l'autorisation de servir en Espagne.

M. le président : Ce n'est pas sans doute le gouvernement qui lui a donné l'autorisation de servir don Carlos ?

Me Ledru-Rollin : L'autorisation a été donnée sous la restauration ; mais elle subsiste toujours, et elle pourrait être retirée, c'est ce qui explique à quel point le général Latapi se trouve sous la dépendance du ministère.

M. Lesseps, propriétaire, homme de lettres, déclare qu'il ne connaît M. Latapi que depuis l'article paru dans le *Journal des Débats*. « Le jour où parut cet article, dit-il, je me promenais aux Tuileries ; on me dit qu'il y avait là un officier au service de don Carlos qui se vantait d'en être l'auteur. Je manifestai le désir de l'entendre. Je m'approchai de la place où il se trouvait. Je l'entendis qui disait qu'il avait vu M. le duc de Broglie, qu'il lui avait remis un rapport, et qu'un extrait de ce mémoire avait fourni l'article qui avait paru dans le *Journal des Débats*. M. Sarrans me demanda si j'avais entendu ce propos qu'il se proposait de reproduire dans *la Nouvelle Minerve*. Je lui dis que oui, et l'article de *la Nouvelle Minerve* parut. Arriva la succession de tous les démentis que vous connaissez. M. Sarrans me demanda si je pourrais l'aboucher avec M. Latapi ; je lui répondis qu'il avait l'habitude de se promener à quatre heures aux Tuileries, ou sous les arcades de la rue de Rivoli. Nous y allâmes à quatre heures ; la première personne que nous rencontrâmes fut M. Latapi. Une explication assez vive eut lieu, et il fut convenu que M. Latapi ferait une déclaration qui serait rédigée de manière à le compromettre le moins possible.

« Nous offrîmes à M. Latapi d'aller chez lui ; il s'y refusa ; nous allâmes dans un cabinet litéraire où nous trouvâmes M. Périgny qui nous conduisit chez lui. On me proposa de rédiger la lettre, que M. Sarrans ne pouvait pas convenablement rédiger lui-même. Malgré ma répugnance, je consentis. Nous convînmes d'abord de l'esprit général de la lettre. Chaque mot, chaque phrase, fut l'objet d'une discussion.

J'ai été simplement le rédacteur de la pensée de M. Latapi, et je me suis abstenu de lui insinuer la moindre idée.

M. le président : Est-ce bien une lettre volontaire que celle qui est écrite chez un tiers, tracée par un tiers et signée par une seule personne en présence de plusieurs autres qui n'ont qu'un seul intérêt? Deux jours après, M. Latapi a été spontanément au parquet de M. le procureur du roi, et a fait une déclaration contraire à la lettre.

M. Lesseps, avec vivacité : Malheureusement, monsieur le président, je ne suis pas connu de vous ; mais je serais charmé de me trouver face à face avec M. Latapi. Nous verrions s'il aurait encore l'envie de me donner un démenti ; c'est la première fois qu'une semblable accusation est portée contre moi.

M. le président : Il n'y a pas d'accusation portée contre vous.

Me Ledru-Rollin : C'est que le témoin ne sait pas que le défenseur de M. Latapi a reconnu lui-même que tous les faits contenus dans sa lettre étaient vrais.

Me Bouloumier : M. le général Latapi s'est mis en contradiction avec lui-même par cette déclaration, mais non avec le témoin. Quant à M. le général Latapi, il supportera les conséquences de sa... de sa légèreté.

M. Montauban déclare avoir connu M. Latapi en Belgique, lorsqu'il était, comme lui, proscrit sous la restauration. Il rend compte de tous les faits qui viennent d'être rapportés par M. Lesseps; il en a été témoin. « M. Latapi, ajoute-t-il sur une interpellation de M. le président, nous dit si bien qu'il avait vu M. le duc de Broglie, qu'il avait été reçu dans son cabinet, qu'il avait eu avec lui une conférence, qu'il ajouta : « Lorsque j'étais avec lui à conférer, il reçut un rapport d'un « de ses agens de Madrid. Il me lut ce rapport, et en entendant cette lecture, je ne pus m'empêcher de dire : « Vos « agens, monsieur le ministre, vous volent votre argent. » (Mouvement dans l'auditoire.)

Me Boüloumier : M. Latapi n'a-t-il pas dit dans la conférence : « Lorsque j'aurai signé la lettre, cela mettra fin à toute « discussion, cela n'ira pas plus loin ? »

M. de Montauban : Il dit, après avoir signé la lettre : « J'es- « père que cela finira maintenant. »

M. Sarrans : Je demande à rapporter ici les dernières paroles de la conférence. M. Latapi me dit : « Monsieur Sarrans, faites- « moi le plaisir de mettre cette lettre dans un coin de votre « journal. » Je lui répondis : « Je ne vous ai pas demandé « cette lettre pour la mettre dans mon secrétaire. Elle sera « demain dans le *Courrier français*, et dans tous les journaux; « après cela, si le journal ministériel se tait, tout sera fini. » Voilà la vérité.

M. de Courbonne, propriétaire, rend compte des mêmes faits. Il a assisté au petit cercle des Tuileries dont M. Latapi était le noyau. « On le félicitait de l'article du *Journal des Débats*, dit le témoin, et il s'en défendait en auteur modeste. (On rit.) Comme j'avais souvent vu M. Latapi avec des personnes qui sont connues pour leur dévoûment au ministère, je lui demandai positivement s'il était l'auteur de l'article ; il me répondit qu'il n'était pas véritablement l'auteur de l'article, mais que cet article avait été extrait mot pour mot d'un mémoire fourni ou présenté par lui à M. de Broglie. Je ne voulais pas croire à ces rapports de M. Latapi avec le ministre des affaires étrangères ; mais sa lettre me décida. »

M. Roussillon, chef du jury : M. de Montauban a parlé d'une estafette qui aurait apporté un message à M. le président du conseil pendant sa conférence avec M. Latapi. Le témoin a-t-il connaissance de ce fait ?

M. de Courbonne : Ce fait m'est revenu de dix côtés différens ; mais je dois dire que je ne le tiens pas de M. Latapi lui-même.

M. le président : Avant que les plaidoyers s'engagent, je ferai remarquer que je n'ai entendu que M. Lesseps qui ait personnellement rapporté les paroles de M. Latapi.

M. Sarrans : Le fait fut rapporté par deux journaux, antérieurement à l'article de *la Minerve* : par le *National* et le *Messager;* ce fut ce qui me mit sur la voie, et me fit sentir la nécessité de remonter à la source.

M. le procureur-général, à M. Sarrans : M. Lesseps n'est-il pas un des rédacteurs de *la Nouvelle Minerve?*

M. Lesseps : J'ai fait deux articles pour *la Minerve*, et je les ai signés.

V. PLAIDOYER DE Me CHAIX-D'EST-ANGE.

Me Chaix-d'Est-Ange, avocat de M. le duc de Broglie, président du conseil, prend la parole.

« La question qui s'agite entre nous pourrait se réduire à des termes assez simples, et le procès qui nous amène devant la Cour est, je crois, facile à juger. Il s'agit pour moi de vous rappeler exactement les faits, ensuite d'en rechercher, d'en déterminer précisément le véritable caractère.

« Vous le savez, messieurs, dans son numéro du 6 octobre dernier, le *Journal des Débats* fit paraître un long article dans lequel étaient examinés sous un point de vue plus ou moins exact tous les incidens qui avaient signalé la guerre de Navarre et la position respective de chacune des parties belligérantes. Dans cet article on exaltait beaucoup les progrès des bandes carlistes ; on présentait comme s'empirant de jour en jour la position des armées de la reine Isabelle; enfin, l'on calculait les chances de l'avenir de manière que ces chances semblaient favorables à l'armée de don Carlos. Cet article attira vivement l'attention publique, la presse s'en occupa. On se demanda, on rechercha avec soin quelle pouvait être la source où le rédacteur en avait puisé les élémens. Des allégations vagues avaient déjà paru dans les journaux, indiquant que l'origine devait en être attribuée au ministère français, lorsque tout-à-coup un journal grave, placé sous le patronage de plusieurs députés, crut devoir faire une déclaration plus précise, plus formelle, et qui ne pouvait laisser aucun doute. Je veux parler de *la Nouvelle Minerve*, qui fit paraître un article dont voici les dernières lignes :

« Nous disons *nous*, que l'article en question a été demandé « par M. le duc de Broglie à un ex-officier français aujourd'hui « brigadier au service de don Carlos ; nous disons que cet ar- « ticle est passé directement du cabinet de M. le ministre des « affaires étrangères sous la presse du *Journal des Débats*. »

« Ainsi voilà une accusation formelle, voilà les prétentions de la presse opposante exprimées d'une manière positive. Vous comprenez, messieurs, ce qu'il y avait de grave, d'intolérable pour M. le ministre des affaires étrangères dans une imputation de cette nature. Son devoir était de la repousser, son honneur exigeait une réponse ; aussi, dans le *Journal de Paris* parut un démenti formel de l'assertion contenue dans *la Nouvelle Minerve*, et reproduite sur la foi de *la Nouvelle Minerve* par d'autres journaux.

« Après ce démenti donné par le ministère, une nouvelle affirmation parut à la huitaine suivante dans *la Minerve*, et le rédacteur déclara qu'il persistait dans ses assertions. Il répéta que l'article avait été rédigé par M. le duc de Broglie ; qu'un mémoire avait été lu au président du conseil dix jours avant la publication de l'article dans le *Journal des Débats*, en présence de M. Guizot, qui, après deux heures de conférence, ne trouva d'autres conclusions que ces paroles : *Tous les Espagnols sont de la canaille !*

« Voilà donc une affirmation plus positive encore que la première, voilà la vérité d'après *la Nouvelle Minerve*. Cependant arrive un nouveau démenti : M. le ministre des affaires étrangères affirme qu'il n'a jamais vu l'homme dont on lui parle, qu'il n'a jamais eu de relations avec lui, qu'il ne lui a jamais demandé de mémoire, qu'il est entièrement étranger à la rédaction de l'article dont il s'agit. Que va-t-on faire? hésiter apparemment, si l'on n'est pas sûr de son fait, si l'on n'a que des renseignemens équivoques, douteux, au lieu de preuves certaines; hésiter comme un historien fidèle entre deux témoignages. Non; on n'hésite pas, on remonte à la source, à cette source qu'on ne connaissait pas encore, ou du moins à laquelle jusque-là on n'avait pas daigné personnellement remonter.

« On recherche enfin cet homme sur l'autorité, sur la parole, sur la foi duquel on avait fait cette affirmation; on le trouve, on s'attache à lui, on lui demande une lettre, et vous savez dans quelles circonstances. Cette lettre, on l'obtient, et vous savez encore après quelles difficultés, après quelles hésitations; c'est, nous a-t-on dit, après une demi-heure de réflexion qu'elle a été signée. On la prend alors et on l'insère. On l'insère dès le lendemain; on ne prend pas le temps de la réflexion; on n'attend pas à la huitaine suivante, au numéro prochain de *la Nouvelle Minerve*, on l'envoie de suite au *Courrier français*. »

Me Chaix-d'Est-Ange donne ici une nouvelle lecture de la lettre, des réflexions qui la suivent, et continue.

« Voilà le procès, messieurs, en voilà les antécédens. Vous le comprenez à merveille, tous les gens de cœur le comprendront facilement, M. Sarrans l'avouera lui-même, il était impossible de garder le silence. Il n'y avait plus à balancer. M. le président du conseil se devait à lui-même, à son caractère personnel, à la position qu'il occupe, de répondre judiciairement aux provocations, aux défis qui lui étaient adressés.

« Vous vous rappelez, en effet, que nos adversaires nous avaient jeté le défi de les traduire à une autre barre que celle du *Journal de Paris*. M. le duc de Broglie ne pouvait donc manquer d'appeler en justice ceux qui l'avaient ainsi provoqué; c'est ce qu'il a fait.

« Il s'agit maintenant de rechercher le caractère précis, la nature exacte du fait que nous reprochons aux prévenus.

« De quoi se plaint M. le duc de Broglie? Il se plaint de la diffamation dont il a été l'objet de la part de cet homme qu'on appelle Latapi, et de la part du journal *la Nouvelle Minerve.* Et d'abord les imputations dont il a été l'objet constituent-elles légalement le délit de diffamation? Voilà la première question.

« Qu'est-ce que la diffamation? La loi a pris soin de la définir. C'est l'imputation d'un fait qui porte atteinte à l'honneur, à la considération d'une personne. Examinons donc si les imputations contenues dans *la Nouvelle Minerve* sont de nature à porter atteinte à l'honneur et à la considération de M. le duc de Broglie.

« On lui reproche, étant ministre des affaires étrangères, d'avoir fait un traité avec une puissance voisine, d'avoir reconnu l'avénement au trône de la reine Isabelle, de lui avoir offert l'amitié de la France, d'avoir vécu avec son gouvernement dans les liens d'un traité de paix et d'alliance qui subsiste encore dans toute sa vigueur, et d'avoir en même temps trahi sa parole, manqué à sa foi, sourdement attaqué ce gouvernement qu'il avait juré de défendre, et avec lequel il avait promis solennellement de vivre en bonne amitié et en bonne alliance. Reproche grave, messieurs les jurés, reproche dont la France entière s'émeut, dont la presse s'empare, dont la presse poursuit M. de Broglie et essaie de le flétrir.

« N'est-ce pas la plus odieuse des diffamations que cette imputation d'une *connivence,* comme on l'appelle, avec l'aide-de-camp de Zumalacarréguy, qui fut l'ennemi le plus violent, le plus heureux ennemi de notre alliée? C'est une diffamation; car c'est un fait, ajoutent les adversaires, qui intéresse au plus haut degré la liberté et la dignité de la France.

« Ce n'est pas tout. Les faits deviennent plus précis, les imputations plus graves. Ce fait d'avoir trahi sa foi, M. le duc de Broglie en a senti toute l'importance, M. de Broglie a fini par s'en émouvoir : il était de son devoir de démentir des assertions de cette nature; il les dément. Et ici point d'équivoque; j'ai la confiance que ceci n'entrerait pas dans la franchise de votre caractère : il faut entre nous un combat généreux et loyal. Lorsque vous avez lu l'article du *Journal de Paris*, vous avez bien compris qu'il y avait là un démenti de M. le président du conseil, un démenti positif émané de lui-même. Si après un tel démenti vous avez encore insisté, si vous avez soutenu que votre récit était vrai, vous avez dit que M. de Broglie avait faussement engagé son honneur dans cette dénégation; qu'ainsi, il avait failli à l'honneur.

« Est-ce là une atteinte portée à l'honneur, à la considération d'un homme? Sortons de la sphère où nous sommes placés; supposons qu'il ne s'agît plus d'un président du conseil des ministres, d'un duc et pair; supposons l'outrage adressé à un simple particulier; supposons qu'il s'adresse à vous, à moi; supposons qu'on vienne dire à l'un de nous : Vous avez menti dans la dénégation que vous avez faite, vous avez manqué à la vérité, vous n'avez pas agi en homme d'honneur en donnant ce démenti. Eh quoi! ne serait-ce pas là l'imputation d'un fait grave? Comment! vous et moi nous devrions rester sous le poids d'une telle inculpation, lorsque, à la face de la France, de l'Europe, du monde, elle aurait été faite! Non, certes. Eh bien! je vous le demande à vous-même, l'imputation aura-t-elle moins de force, ses effets seront-ils moins graves, lorsqu'elle s'adressera à un président du conseil des ministres?

« Pour vous, pour nous tous, de quoi s'agit-il? Il s'agit de savoir si le fait imputé par le journal à M. le duc de Broglie est de nature à porter atteinte à son honneur, à sa considération. Quel sentiment a donc été le vôtre en répétant cette imputation? A quelle conclusion n'êtes-vous pas arrivé? Vous avez écrit que vous étiez *pénétré d'un profond sentiment de dégoût pour la moralité des hommes qui gouvernaient la France.* Mais si les faits racontés par *la Nouvelle Minerve* étaient vrais, s'il ne fallait pas s'arrêter au démenti de M. le duc de Broglie, mais moi-même, moi qui vous parle, je serais pénétré aussi d'un profond sentiment de dégoût. Eh quoi ! M. de Broglie nie l'entrevue, les détails de cette entrevue, le mémoire qu'il a demandé, qu'il a obtenu, l'article qu'il a extrait ou fait extraire du mémoire et envoyé au *Journal des Débats !* Il nie tout cela, et tout cela est vrai, tout cela est prouvé. Ah ! je suis de votre avis, je suis pénétré à mon tour d'un profond sentiment de dégoût, je pense comme vous, et votre indignation a été légitime.

« Maintenant, de ces faits indignes, quelles sont les preuves ? Et ici, messieurs, il faut que je vous signale les dispositions de la loi qui permettent en matière de diffamation la preuve des faits articulés, quand il s'agit de fonctionnaires publics. Lorsque la diffamation s'attaque à un simple particulier, la preuve des faits articulés n'est pas permise. C'est un malheur peut-être ; mais la loi l'a entendu ainsi. Il n'en est pas de même pour les fonctionnaires publics. Ils sont placés par la loi dans une position exceptionnelle ; on peut faire contre eux la preuve des faits articulés. Long-temps la question fut controversée ; quelques esprits sages faisaient observer qu'il n'y aurait pas de fonctionnaire qui ne fût incessamment en butte aux diffamations, que des témoins faciles ne manqueraient pas contre eux, qu'il ne fallait pas, dans un temps de parti, livrer ainsi l'honneur des dépositaires de l'autorité à la foi de témoignages malveillans et passionnés. Le système contraire a prévalu. On a le droit de diffamer les fonctionnaires publics on a le droit de dénoncer contre eux des faits de nature à porter atteinte à leur honneur, à leur considération. Ah ! oui ! on a ce droit ; mais ces faits, il faut les prouver.

« Ainsi vous pouvez m'accuser ; je suis soumis à cette loi. Oui, moi, ministre, président du conseil, j'ai été accusé par vous : vous en aviez le droit ; mais je vous ai appelé en justice, car j'en ai le droit aussi. Venez donc fournir vos preuves. Je vous dis à vous, qui m'accusez de faits tellement graves qu'ils vous inspirent, monsieur, un sentiment profond de dégoût pour ma moralité ; je vous dis à vous, monsieur : Prouvez ; voyons, faites vos preuves, apportez vos témoignages, que nous les examinions, que nous les pesions.—Eh bien ! où sont-elles ces preuves que vous avez le droit d'apporter en justice ? Où sont-elles ? Y a-t-il un seul témoin qui vienne dire que j'ai reçu Latapi, qu'il m'a remis un mémoire ? Qu'ont dit tous ces témoins, dont je suis bien loin de suspecter la bonne foi ? Y en a-t-il un seul qui ait dit qu'il avait vu M. le duc de Broglie recevoir Latapi ?

« Il y en a un, en effet, un qui fuit, qui se cache, qui craint la lumière, qui n'ose pas subir ici sa honte et affronter vos reproches ; cet homme, c'est le général Latapi, comme il se fait appeler. Oui, c'est lui, lui seul qui disait avoir vu M. de Broglie. Mais vous le savez, deux jours après son affirmation, il a dit tout le contraire. Ainsi il vous a donné une lettre à vous ; après de longues instances, après une demi-heure d'hésitation, il vous a donné une lettre conçue en termes assez ambigus, et le lendemain il est venu devant M. le procureur du roi dire tout le contraire et affirmer qu'il n'avait jamais vu M. le duc de Broglie ni M. Guizot. Il est venu avouer humblement qu'il n'était qu'un vantard. Voilà donc votre auteur, votre seul auteur ; un homme qui passe sa vie à colporter des histoires sous les ombrages des Tuileries ; je ne sais quel diplomate manqué ; je ne sais quel ambassadeur de contrebande. Qu'y a-t-il donc désormais de prouvé ? C'est que Latapi est un homme qui n'était pas digne de votre confiance. Il vous a trompé : soit ; vous savez maintenant à quoi vous en tenir sur lui : soit encore ; mais voilà donc toutes vos preuves ?

« Voilà donc sur quels documens vous allez vous jouer de l'honneur et de la considération de vos concitoyens ! Je ne dis pas, parce qu'on est ministre, qu'on doive être protégé, respecté plus qu'un autre ; mais, permettez-moi, faudra-t-il aussi, parce qu'on est homme public, faudra-t-il donc être, impunément et à la légère, ainsi exposé aux diffamations, aux outrages du premier venu ? La main sur la conscience, j'en appelle ici à l'honneur de tous : un débat s'engage devant la justice à la face de la France entière, nous nous y présentons, et, soumis à la loi qui vous permet de prouver contre nous, nous vous demandons vos preuves. Eh bien ! pour toutes preuves, pour toute garantie, vous n'avez qu'un homme qui n'ose pas se présenter et fuit les regards de la justice.

« Vous n'avez que cet homme. Cet homme d'une foi si douteuse, si ambiguë, si suspecte, si changeante, qui a osé donner un démenti au démenti formel de M. le duc de Broglie.

« Eh bien ! je le demande, je vous le demande à vous qui êtes un homme d'honneur : entre M. Latapi et M. le duc de Broglie, est-ce que vous hésiteriez un instant ? Est-ce que, la main sur la conscience, vous pourriez dire un seul instant : Oui, c'est M. Latapi qui a dit la vérité.

« Vous voyez bien qu'on vous a trompé, qu'il n'y a pas pour vous possibilité de prouver ; vous voyez bien qu'il y a diffamation. Eh bien ! maintenant faisons dans ce délit la part de chacun. »

Après avoir ici retracé tout ce qu'il y a de coupable dans les forfanteries obstinées du sieur Latapi, Me Chaix-d'Est-Ange arrive à la part que M. Sarrans a prise dans le délit.

« Je me fais, dit-il, une haute et grande idée de la puissance de la presse ; elle s'attaque à tout. Elle pourrait, si elle le voulait, tout détruire peut-être, et tout renverser ; mais pourtant sa mission est belle, car sa mission est d'éclairer le pouvoir, d'appeler sur lui la lumière, en contrôlant ses actes, en l'avertissant de ses fautes, en signalant ses erreurs, s'il en commet, ses vices, s'il en a. C'est alors un véritable sacerdoce ; et lorsqu'il est consciencieusement exercé dans l'intérêt du pays, il protége à la fois et le pouvoir et la liberté. Mais pour cela il faut que ce sacerdoce, que cette puissance terrible, meurtrière, fatale, dont la presse dispose, il faut qu'elle n'en dispose qu'avec précaution, qu'avec ménagemens, qu'avec prudence, qu'avec conscience surtout.

« C'est à vous à prononcer maintenant, messieurs; M. Sarrans a-t-il agi ainsi? Il a légèrement accrédité un bruit qu'il n'avait pas recueilli lui-même de la bouche de Latapi, qui, sous les arbres de la petite Provence, fameuse par tant de mensonges, racontait ses vanteries à quelques promeneurs inoccupés. Il a recueilli ces vanteries, ces bruits sans crédit et sans avenir, il leur a donné la vie, il leur a donné la consistance qu'ils n'auraient jamais obtenue sans lui. Et c'est là qu'est le mal, c'est là qu'est le danger. Sans lui, sans son imprudente confiance, le propos mourait dans la poussière du jardin des Tuileries. Avec lui la France l'entend, le recueille: la France le croit; le mal tout entier est là. Sans doute Latapi est le premier auteur de ce mensonge, mais c'est vous qui l'avez jeté dans la société.

« Remarquez-le bien aussi: vous n'avez pas recueilli comme un bruit les paroles de Latapi; vous les avez adoptées, vous en avez fait vos propres paroles; vous avez agi bien imprudemment! Vous qui n'aviez pas même recueilli ces paroles de sa bouche, vous n'avez pas imité l'incrédulité d'un de vos témoins; non, vous avez tout cru, tout adopté, tout répété. Vous vous êtes dit: Il y a par le monde un homme, je ne sais quel homme, qui a dit tout cela; eh bien! cela me suffit, c'est pour moi la vérité, l'exacte vérité, et je l'affirme.

« Ne me renvoyez donc plus à Latapi, il n'a plus rien à démêler dans cette affaire. Soit, il y sera condamné comme diffamateur obscur: tout est fini pour lui sur ce point; mais vous, vous qui avez eu l'imprudence de recueillir ses paroles, vous qui les avez racontées à la France, vous qui vous les êtes appropriées, vous qui n'avez pas reculé devant un démenti de M. le duc de Broglie, vous qui avez parlé de l'insurmontable dégoût que vous éprouviez pour la triste moralité de ceux dont vous repoussiez les démentis, vous qui disiez avec tant d'assurance : Je déclare... j'affirme... ceci est la vérité; avez-vous bien le droit de me renvoyer maintenant à Latapi?

« Parlerez-vous de votre bonne foi? Eh! mon Dieu! c'est une thèse que j'adopte bien volontiers. C'est une excuse à laquelle je serais disposé, on ne peut pas plus, à me prêter. Mais encore voyons si cette excuse est admissible. Comment! voilà un homme que vous ne connaissez pas. Il vous dit sur M. le duc de Broglie un fait diffamatoire, vous l'accueillez. M. le duc de Broglie dément ce fait; vous persistez, vous persistez encore. Vous ne dites pas : Ce récit vient d'un inconnu, je l'ai ramassé sur la voie publique, il faut l'y laisser; il faut peser ce démenti donné par un homme dont la loyauté, après tout, m'est connue. Non, vous ne faites rien de cela. Bien au contraire, ce bruit ramassé dans la rue, vous vous l'appropriez; vous dites : *Nous savons, nous déclarons...* Cette imputation devient la vôtre, et la presse est par vous chargée de la répandre en France, en Europe.

« Où en serions-nous donc si la mission de la presse était ainsi remplie, si la réputation des fonctionnaires était ainsi abandonnée, non plus aux reproches mérités d'hommes désintéressés, amis de leur pays, mais aux attaques obscures du premier vagabond qui trouverait là, à la porte d'un journal, une bouche toujours ouverte, toujours béante, pour recevoir les dénonciations anonymes! Où en serions-nous si la presse devait inconsidérément accueillir tous les dénonciateurs qui se présenteraient à elle sans crédit, sans antécédens, sans qu'on pût savoir s'ils n'ont pas volé l'habit noir qui les couvre, les décorations dont ils se servent!

« Eh quoi! vous accueillerez de pareils hommes, vous adopterez de pareils bruits; et sans tenir compte de la parole de celui qui vient les démentir, et que vous connaissez bien pour le plus loyal des hommes, quelle que soit la différence de vos opinions politiques, vous ne balancerez pas à lui dire : Je vous prends, je vous déclare infâme. Et lorsque ainsi attaqué, il viendra vous dire : Prouvez les faits honteux que vous alléguez contre moi, prouvez-les ; vous serez admis à lui répondre : Des preuves, je n'en ai pas, je n'en ai pas une seule ; mais parlez à cet homme, cet homme que je ne connais pas, cet homme qui s'est rétracté. Voilà mon garant, j'ai pris sa parole, et j'en ai fait ma parole. Maintenant, adressez-vous à lui.

« Non, messieurs, cent fois non ; ah ! pour l'honneur, dans l'intérêt de la puissance, de l'autorité de la presse, qu'il n'en soit pas ainsi ! Que personne en France ne puisse dire que la presse est ainsi faite ; qu'il ne soit pas dit que les fonctionnaires soient ainsi livrés pieds et poings liés à la presse ; qu'il ne soit pas dit que nous sommes tous ses esclaves, et qu'elle peut à son gré souffler sur nous les accusations d'un inconnu, les poisons d'un misérable ; qu'il ne soit pas dit que le premier venu sera cru sur parole, et pourra impunément dénoncer et flétrir les plus nobles réputations. Ah ! qu'il n'en soit pas ainsi ! Ce n'est plus pour ma cause que je parle ; c'est pour l'honneur même de la presse, c'est pour que son autorité, son crédit, sa puissance soient maintenus ; c'est pour que, responsable de tout ce qu'elle affirme, on puisse prendre confiance dans sa parole, et ne jamais douter de ses affirmations.

« Loin de nous cependant, messieurs, la pensée de réclamer des condamnations sévères. A Dieu ne plaise que tel soit notre désir ! mais du moins, au nom de la liberté même, au nom de l'honneur, le premier bien de tous, qu'on avertisse la presse des fausses routes où elle s'engage, qu'on lui apprenne que la réputation des citoyens ne peut être compromise sur la parole d'un inconnu, et qu'enfin toutes les fois qu'on accuse, il faut être en état de donner des preuves. »

VI. RÉQUISITOIRE DE M. LE PROCUREUR-GÉNÉRAL.

M. Martin (du Nord), procureur-général :

« MESSIEURS LES JURÉS,

« Un personnage d'une haute distinction, un ministre, un homme investi de la confiance du roi, le président de ses conseils, se présente aujourd'hui devant vous et vient vous demander justice d'une diffamation dirigée contre lui. C'est là, il faut le dire, un bel hommage rendu à cette institution du jury, qui réalise pleinement le principe de l'égalité de tous devant la loi ; car elle est appelée à juger les hommes élevés aux plus hautes dignités, aussi bien que les citoyens dont la position est la plus modeste.

« Cette cause, messieurs, comme on vous l'a dit, n'a rien de politique, et je dois m'abstenir de vous rappeler cet article du *Journal des Débats*, qui a donné lieu à tant de commentaires et aux fables inventées par une partie de la presse : il ne peut être, en effet, question dans le procès de cette guerre civile qui désole l'Espagne, et des chances diverses qu'elle présente ; mais il nous appartient sans doute, puisque la question a été jetée dans ces débats, de dire ici, et de dire hautement que le ministère français n'a jamais perdu ses sympathies profondes pour la cause de la reine Christine ; qu'il fait au contraire les vœux les plus sincères pour la consolidation de ce jeune trône, que notre gouvernement a contribué à fonder, et qu'il est aujourd'hui, comme il sera toujours, l'exécuteur loyal et fidèle du traité de la quadruple alliance. Mais nous le répétons, telle n'est pas la nature du débat, c'est un simple procès en diffamation que vous avez à juger ; c'est un fonctionnaire public, c'est un ministre du roi qui vient vous demander réparation d'un outrage dirigé contre sa personne.

« Qu'est-ce donc que la diffamation ? La loi est précise, formelle à cet égard, messieurs les jurés ; c'est elle qui répond que la diffamation est l'imputation publique d'un fait qui peut porter atteinte à l'honneur ou à la considération de la personne à laquelle on l'impute.

« Mais en pareille matière la loi établit une distinction grave et profonde entre l'homme privé et l'homme public. S'agit-il d'un homme privé, d'un simple particulier? l'imputation d'un fait outrageant, de nature à porter atteinte à son honneur et à sa considération, constitue seule la diffamation. Peu importe la vérité ou la fausseté du fait ; la loi ne veut pas qu'on impute publiquement à un citoyen un fait déshonorant, même quand il est vrai. Si on a dit d'un homme privé qu'il est un voleur, c'est en vain qu'on représentera à la justice l'arrêt même qui l'a condamné, on n'a pas le droit de le faire ; la diffamation sera déclarée et punie.

« La législation n'est pas la même à l'égard des fonctionnaires publics, et nous devons tous nous en applaudir : la vie publique des fonctionnaires appartient, doit appartenir à l'opinion. La loi permet la preuve des faits allégués : c'est là la loi ; il faut l'accepter, et M. le duc de Broglie ne sera pas le dernier à l'accepter avec empressement.

« Eh bien ! vous avez imputé à M. le duc de Broglie d'avoir énoncé un mensonge. Nous n'insisterons pas pour établir qu'une pareille imputation serait de nature, si elle était fondée, à porter atteinte à son honneur et à sa considération ; à cet égard aucune contestation n'est possible, le caractère de l'imputation est évident ; mais nous vous demanderons la preuve du fait allégué : nous vous la demanderons, et à défaut par vous de le faire, la condamnation est inévitable. Telles sont, messieurs, les doctrines de la loi, doctrines qui, aujourd'hui plus que jamais, ne peuvent être méconnues. Vous le savez, en effet, une législation nouvelle, qu'appelaient impérieusement les débordemens d'une licence effrénée, a mis un terme aux attaques qu'une certaine partie de la presse dirigeait ordinairement contre la personne sacrée du roi et les institutions qui nous régissent ;

mais il faut bien le reconnaître, le principe de haine qui dictait ces attaques n'a pas été détruit, seulement elles ont changé de but, et ne pouvant plus s'adresser à la personne sacrée du roi, elles se dirigent aujourd'hui avec une violence qu'il vous appartient de réprimer, contre les dépositaires de l'autorité publique.

« Vous connaissez, messieurs, les faits qui servent de fondement à ce procès; nous ne les reproduirons pas devant vous : ils viennent de l'être avec un talent auquel nous sommes les premiers à rendre hommage. Vous savez dans quels termes est conçue l'assertion de *la Nouvelle Minerve*, du 11 octobre. M. le ministre des affaires étrangères, sensible, comme il devait l'être, à la gravité de l'imputation qui lui était faite, fit démentir, dans le *Journal de Paris* du 13 octobre, cette assertion aussi mensongère qu'elle était explicite et positive. Le 18, *la Nouvelle Minerve* insiste : elle est sûre de ce qu'elle avance; elle dit la vérité stricte.

« Cependant le ministre des affaires étrangères, comprenant comme il le devait la noble dignité de son caractère, ne peut laisser sans une nouvelle réponse les assertions si bien circonstanciées de *la Nouvelle Minerve*. Il sait, à n'en pas douter, puisque ces faits lui sont personnels, que tout ce qu'on lui impute est mensonger; il répond dans le *Journal de Paris* qu'il ne connaît point M. Latapi, qu'il ne l'a jamais vu, qu'il n'a eu avec lui aucune relation directe ou indirecte, qu'il ne lui a jamais demandé ni fait demander de mémoire.

« Voilà quelque chose de grave; c'est le ministre lui-même, c'est un homme dont la haute probité est reconnue par ses ennemis politiques eux-mêmes, qui affirme des faits à lui personnels, et qui les affirme avec une précision qui ne laisse place à aucune équivoque.

« Cependant qu'arrive-t-il? Un personnage nouveau, un

homme dont le nom même n'avait pas été prononcé jusque-là, le sieur Sarrans, se présente. C'est lui qui a affirmé les faits démentis par le ministre ; c'est lui qui les a répétés, affirmés de nouveau après un premier démenti ; c'est encore lui qui adresse au *Courrier Français* une lettre dans laquelle il déclare que le démenti donné par le ministre n'est pas fondé, et qui exprime, après cette première diffamation, le sentiment de dégoût que lui fait éprouver le fait qu'il impute au ministre, le mensonge dont il le déclare coupable.

« Nous le demandons, messieurs, qui ne comprend la juste indignation de M. le duc de Broglie? qui n'eût porté plainte comme lui, et repoussé comme elle méritait de l'être cette grave imputation de mensonge? M. de Broglie porta plainte.

« S'il s'agissait d'un simple particulier, le diffamateur devrait être immédiatement condamné ; mais il s'agit d'un fonctionnaire public, et quelque haut qu'il soit placé, la preuve est permise. Le journaliste peut donc faire la preuve, et s'il établit d'une manière incontestable ce que M. le duc de Broglie a si formellement dénié, c'est-à-dire que M. de Broglie a vu Latapi, qu'il lui a demandé un mémoire, qu'il a entendu, en présence de M. Guizot, la lecture de ce mémoire; que c'est un extrait de ce document qui a été imprimé dans le *Journal des Débats*, le journaliste doit être acquitté. Hors de là, hors de ce cercle qu'a tracé la loi elle-même, le diffamateur ne peut échapper à la condamnation.

« Maintenant, quelle preuve a-t-on faite? On a produit à cette audience quelques témoins qui vous ont déclaré que, dans une promenade aux Tuileries, Latapi avait dit connaître M. le duc de Broglie, lui avoir présenté un mémoire dont il reconnaissait un extrait dans le *Journal des Débats*.

« Une première observation doit vous être soumise, messieurs ; c'est qu'on n'a pas même produit devant vous un seul témoin qui soit venu vous dire avoir rapporté à M. Sarrans les propos tenus par Latapi. M. Lesseps seul a déclaré devant vous qu'il en avait parlé à M. Sarrans, mais sans pouvoir se rappeler à quelle époque.

« Mais en vérité, messieurs, est-ce que la question doit ainsi se présenter ? est-ce que vous n'apercevez pas qu'on essaie de la tourner, et qu'on se défend ici de ce dont on n'est point accusé? Nons ne prétendons point que vous n'ayez pas reçu de Latapi quelques déclarations, nous vous demandons de prouver que ces déclarations sont vraies, c'est-à-dire que vous avez eu raison de nous accuser de mensonge. Il ne s'agit pas de savoir ce qu'a dit Latapi, car nous le savons déjà, puisque vous l'avez imprimé ; mais il s'agit pour vous de prouver que ce qu'il a dit et ce que vous avez publié en vous l'appropriant, est l'expression même de la vérité. Encore une fois, vous ne l'avez pas fait, vous n'essayez pas même de le soutenir ; vous reculez devant votre unique témoin, devant Latapi, qui recule lui-même devant les débats. Le délit est donc constant, la diffamation existe, votre condamnation est prononcée par la loi, en attendant qu'elle le soit par le jury.

« Ainsi, d'une part, Latapi, qui a menti en accusant un autre de mensonge, Latapi, qui dans une déclaration authentique se donne à lui-même le plus éclatant démenti, Latapi ne peut échapper à la peine que la loi prononce contre les diffamateurs ; d'un autre côté, vous qui vous êtes associé à lui, qui avez non-seulement enregistré, mais publié et livré à tous comme la vérité, et sous la garantie de votre nom, la calomnie de Latapie, vous êtes également un diffamateur : la même condamnation vous attend.

« Parlerons-nous, messieurs, de cette excuse tirée de la *bonne foi*, et que les réponses du sieur Sarrans aux interpellations de M. le président nous ont fait pressentir? Oui, on essaiera de se mettre à l'abri derrière Latapi ; c'est lui qu'on abandonnera à votre justice, et l'on croira sa propre justification complète, quand on vous aura dit : Nous avons cru la parole de Latapi. Messieurs, cette prétendue excuse ne peut être admise ni en droit, ni en fait.

« La loi est précise; elle vous permet d'imputer à un fonctionnaire public un fait de nature à porter atteinte à son honneur et à sa considération, mais à la condition que ce fait sera vrai, et que vous en fournirez la preuve à la justice; il ne suffira pas apparemment que vous l'ayez cru vrai, il faut qu'il soit tel et que vous le prouviez. Telle est la loi qui repousse votre excuse.

« Qu'importe, en effet, à celui que vous avez diffamé, votre bonne ou mauvaise foi? En est-il moins sous le poids de l'imputation grave et flétrissante que vous lui avez adressée? Eh quoi! il vous suffirait de dire : Je l'ai cru, pour pouvoir impunément porter atteinte à mon honneur, à ma considération, à ce premier des biens pour un fonctionnaire public! Non, il faut savoir avant de diffamer. Voilà ce que la loi répond à votre excuse.

« Mais, en fait, messieurs les jurés, la bonne foi dans cette cause est-elle possible? et M. Sarrans peut-il être admis à présenter cette excuse?

« Latapi affirmait, M. le duc de Broglie niait, et c'est Latapi que vous avez cru! Qui ne connaît, messieurs, la loyauté parfaite, le caractère si honorable et si pur de M. le président du conseil? Ce n'est pas un éloge que nous prétendons lui adresser; c'est la cause qui nous force à nous rendre ici l'organe de la conscience publique. Qu'est-ce donc que Latapi? Ces débats vous l'ont appris.

« Mais M. Sarrans connaissait-il du moins M. Latapi; lui croyait-il ce caractère honorable qu'il n'a pas? Non, M. Sarrans ne le connaît pas; et les témoins qu'il a produits devant vous ont tous reculé devant cet homme, tous vous ont dit qu'ils ne le connaissaient pas eux-mêmes.

« M. Sarrans, au moins, avait-il entendu cet homme rapporter lui-même les faits qu'il accueillait avec tant d'empressement, qu'il déclarait de la plus stricte vérité? Non encore :

M. Sarrans n'a vu Latapi, c'est lui qui vous le déclare, que pour en obtenir cette lettre mensongère, aussitôt rétractée que publiée.

« Comment! c'est sur un propos que vous n'avez pas entendu, et qu'on vous a dit avoir été tenu par un homme que vous ne connaissez pas, que vous n'avez jamais vu, dont les antécédens, dont la vie entière vous est inconnue; c'est sur un pareil fondement que vous imputez publiquement un mensonge à un homme d'honneur et de conscience, au président du conseil des ministres! Et vous parlez de votre bonne foi! Nous ne pouvons voir dans votre conduite que la plus coupable imprudence, qu'une impardonnable légèreté qui rejette bien loin cette excuse derrière laquelle vous êtes obligé de vous réfugier.

« Que de raisons en effet pour agir autrement que vous n'avez agi! Ne compreniez-vous pas que c'était vous seul qui donniez de la publicité à ce propos en l'air de Latapi, qui d'un mensonge, d'une vanterie, faisiez une diffamation? Plus l'imputation était grave, plus vous deviez être difficile pour l'admettre; et nous venons de voir sur quelle autorité vous n'avez pas craint de le faire.

« Vous n'avez donc pu être, vous n'avez pas été de bonne foi, et nous ne comprenons que trop le motif qui vous a fait agir; c'est qu'il s'agissait d'un ministre, du président du conseil; c'est que la passion politique vous poussait à accueillir tous les bruits, vrais ou faux, qui pouvaient porter atteinte à la considération de ce personnage. Eh bien! il faut le dire, la passion ne peut jamais excuser; elle ne peut jouer le rôle de la bonne foi.

« Cette vérité, vous la comprenez, messieurs les jurés, et vos esprits judicieux sont allés au-devant des graves dangers que présenterait l'admission d'une semblable excuse. N'est-il pas évident, en effet, que si le journaliste prévenu de diffamation pouvait s'affranchir de toutes poursuites en disant que le fait qu'il a allégué lui avait été raconté par un tiers, par la première personne qu'il lui plairait de désigner, désormais la calomnie serait sans frein, la diffamation toujours autorisée? N'est-il pas évident que le journaliste trouverait toujours quelque misérable qui se ferait l'éditeur responsable de la diffamation, dont le véritable auteur échapperait ainsi à la vindicte publique comme aux justes et légitimes réparations qui seraient réclamées par la personne offensée? Il n'en peut être ainsi; les fonctionnaires livrent leurs actes publics à la presse : ainsi le veut la constitution que nous avons fondée; mais ils ont droit aussi à une protection efficace, lorsqu'ils sont victimes de la calomnie.

« La presse n'a pas, elle n'aura jamais cette puissance de destruction et de renversement que l'éloquent défenseur de M. le duc de Broglie s'est un moment laissé aller à lui reconnaître.

« Cet effrayant pouvoir, nous le lui dénions, messieurs, parce que nous avons pleine et entière confiance dans la justice du pays, qui juge aussi la presse, et qui maintiendra contre ses excès les institutions que juillet a fondées; mais il faut lui apprendre qu'il est d'autres écarts que la justice réprime aussi, et que si elle a le droit d'attaquer, elle n'a pas celui de diffamer et de calomnier. »

VII. DÉFENSE DU GÉNÉRAL LATAPI.

Me Bouloumier, défenseur de M. Latapi, ne se dissimule pas la difficulté de sa position; mais il croit de son devoir de prendre la parole, ne fût-ce que pour placer M. Latapi entre M. Sarrans et le ministère public.

« Ce n'est pas, dit-il, par haine pour M. le ministre des affaires étrangères que M. Latapi a répandu un bruit que plus tard il a reconnu faux; c'est de sa part une imprudence fatale dont il subit aujourd'hui la peine. Mais cet homme, contre qui tant d'accusations s'accumulent aujourd'hui, qu'était-il donc et quel passé voit-il ternir par les attaques dont il est l'objet? Soldat à quinze ans, fait colonel par l'empereur à vingt-cinq ans sur le champ de bataille, couvert de blessures, était-ce un soldat de contrebande, quand, sous les murs de Moscow, il avait trois chevaux blessés sous lui? Était-ce un soldat manqué, comme vous l'avez appelé, lorsqu'il affrontait le glaive sanglant des Bourbons, et qu'il subissait une condamnation à mort? »

Me Bouloumier termine en faisant remarquer qu'il n'y a pas de délit, parce que le fait imputé n'est pas diffamatoire; le journal ministériel l'a lui-même reconnu et l'a dit formellement, ce n'est qu'un fait faux et rien de plus.

VIII. DÉFENSE DE M. SARRANS PAR LUI-MÊME.

M. Sarrans prend la parole au milieu d'un profond silence, et s'exprime en ces termes :

« Messieurs les jurés, je suis encore sous la magie des brillantes paroles que vous a fait entendre l'avocat de la partie civile; comment n'y seriez-vous pas vous-mêmes? Secouez cependant les fascinations du génie, car l'homme qui est maintenant devant vous n'a d'autre talent que celui que donne une conscience sans reproches.

« Messieurs les jurés, la générosité de mes adversaires m'a accordé quarante-huit heures pour me préparer à paraître devant vous sous le poids d'une accusation grave. C'est jeudi, à huit heures du soir, que mon acte d'accusation m'a été signifié. C'est samedi, toujours à huit heures du soir, que la liste de MM. les jurés a été déposée à mon domicile...

M. le président: La loi veut que la liste des jurés soit signifiée seulement vingt-quatre heures avant l'ouverture des débats.

M. le procureur-général : L'assignation a été donnée dans les délais de la loi.

M. Sarrans, reprenant : Quarante-huit heures pour organiser ma défense contre les sommités du parquet d'une part, et contre M. le président du conseil des ministres, d'autre part ; quarante-huit heures pour faire assigner mes témoins et me pourvoir d'un conseil, c'eût été peu pour un homme qui n'eût pas été certain de trouver sa justification dans la simple énonciation des faits de la cause.

« Mais moi, messieurs, quel que pût être le désavantage de ma position sous le double rapport du nombre et du talent de mes adversaires, je n'ai pas songé un seul instant à décliner un débat qu'on s'est plu à faire si grand, et qui est cependant si simple, qu'en vérité je ne conçois pas l'appareil dont on l'environne.

« Je voulais même me présenter seul devant vous, sans autre auxiliaire que la vérité, et confier mon inaptitude à votre indulgence, car l'indulgence est toujours la compagne de l'équité que je suis sûr de trouver en vous.

« Mais en apprenant, à mon grand étonnement, que non contente de m'opposer M. le procureur-général de la cour royale de Paris, assisté d'un avocat-général, la partie civile a fait arriver en poste une des illustrations du barreau, je me suis senti non pas effrayé, mais étourdi par le nombre et la puissance de mes adversaires ; j'ai craint non pas pour ma cause, mais pour mon amour-propre, et j'ai appelé un ami au secours de mon inexpérience des luttes judiciaires.

« Tout-à-l'heure cet ami vous présentera ma défense, si tant est que j'aie besoin d'autre défenseur que votre raison et votre conscience, auxquelles je me livre sans la plus légère appréhension.

« Toutefois, je me dois à moi-même, je dois à l'honorable avocat qui a consenti à me prêter si subitement l'appui de sa parole, et qui ne connaît encore que très-imparfaitement les faits de la cause, de vous exposer ces faits dans toute leur simplicité et leur sincérité.

« Messieurs les jurés, pour apprécier les élémens du procès, il faut d'abord se rendre compte des préoccupations qui ont précédé et accompagné la perpétration des faits incriminés.

« Vous le savez ; depuis de récens événemens que je n'ai point à examiner devant vous, car je ne suis point ici pour discuter des doctrines, mais pour constater des faits, une voix s'élevait de partout, qui accusait le ministère français de déserter les intérêts du gouvernement de Madrid, pour se rallier à ceux de don Carlos.

« Fondée ou non, cette accusation fut non-seulement répétée par tous les journaux de l'opposition, mais catégoriquement, nettement articulée par les organes reconnus et avoués du ministère anglais. Le *Morning-Chronicle*, par exemple, reprochait au cabinet français de violer le traité de la sainte alliance de la manière la plus scandaleuse : ce sont ses expressions. Et hier encore un autre journal anglais est venu nous apprendre un fait incontesté, à savoir, que le cabinet de Londres a adressé au gouvernement français une note dans laquelle il l'invite énergiquement à rentrer dans les conditions de la quadruple alliance.

« Toutefois, ni l'inquiétude des esprits, ni les griefs si hautement articulés par le gouvernement anglais, ni les probabilités de plus d'un genre qui venaient à l'appui de la rumeur publique, ne me parurent suffisans pour justifier une imputation qui, si elle était fondée, constituerait un véritable attentat à la révolution de juillet ; car se proclamer les défenseurs de cette révolution, et favoriser la cause de don Carlos, ce serait, vous en conviendrez, messieurs lès jurés, agir comme les forbans qui se couvrent d'un pavillon menteur.

« Je m'attristais de ces bruits, mais je m'abstenais de leur servir d'écho, lorsque tout-à-coup un journal que chacun reconnaît, que vous reconnaissez vous-mêmes pour être l'expression la plus haute de la pensée ministérielle, jette au milieu de l'incertitude générale un article de nature à donner à la cause de don Carlos une grande force morale.

« Cet article, première cause de ce procès, je vous demande la permission de vous en lire quelques passages.

« Messieurs les jurés (continue M. Sarrans après cette lecture), cela présente-t-il un sens bien net, bien précis? Après la publication de ce manifeste, succédant sans transition de la part de l'organe du pouvoir aux espérances les plus exaltées et à la confiance la plus absolue d'un triomphe des armes d'Isabelle II, quel était le droit, quel était le devoir de la presse? Son devoir était de rechercher l'origine de cet article pour en apprécier la gravité; son droit était d'avertir le pays des tendances qui se manifestaient vers un changement de politique qui ruinerait de fond en comble la révolution de juillet; tranchons le mot, qui serait le précurseur d'une contre-révolution inévitable.

« Messieurs les jurés, songez-y bien : dans la question qui vous occupe, il ne s'agit point de théories nouvelles; il s'agit de la monarchie représentative, qui, dès le jour où une alliance patente ou tacite, avouée ou ténébreuse, existerait entre don Carlos et le gouvernement français, ne serait plus qu'une tradition effacée.

« Don Carlos, ce n'est point la Charte octroyée, c'est la légitimité originelle, c'est le despotisme avec ses mœurs brutales, c'est la théocratie avec ses mœurs hypocrites, c'est la tyrannie d'une église exclusive sur la liberté des consciences, c'est la domination d'une caste nobiliaire sur la généralité des citoyens, c'est le privilége, l'ignorance, le fanatisme, la misère; c'est enfin le déplorable souvenir des temps les plus mauvais de la monarchie absolue.

« Messieurs, j'aurais honte d'insister plus long-temps sur une vérité gravée dans vos consciences. Quelles que soient vos opinions, il n'est aucun de vous qui ne pense avec moi que la base des alliances de la France n'est point dans un pareil régime; que ses alliés à elle, ses alliés naturels, sont les peuples libres, et que prêter appui à don Carlos, préconiser ses succès, avilir ses ennemis, et prédire leur défaite, c'est nous renier nous-mêmes et travailler à notre ruine, qui ne serait bientôt plus qu'une question de temps et d'opportunité.

« C'est sous l'empire de ces impressions, créées par l'article du *Journal des Débats*, que j'ai cru devoir remonter à sa source. Qui avait fait cet article? Par quel mystère paraissait-il dans les colonnes de l'organe le plus grave des opinions ministérielles? Voilà ce que tout le monde se demandait et ce que, dans l'intérêt du pays, je regardais comme important de découvrir.

« Telle était la disposition de mon esprit, lorsqu'un bruit public, qui avait acquis assez de consistance pour me parvenir de divers côtés, m'apprit qu'un officier-général au service de don Carlos déclarait hautement être l'auteur de l'article qui avait produit une si vive sensation.

« Toutefois, ce fait était d'une nature si grave, que j'eus peu de peine à sentir qu'il n'était point de ceux qu'on avançait légèrement. Plusieurs personnes m'avaient été désignées comme ayant entendu les paroles qui m'étaient rapportées; je m'adressai à elles, et j'acquis, par leur témoignage, la certitude que l'énonciation des faits avancés dans *la Minerve* du 11 octobre était réellement sortie de la bouche même du général Latapi.

« Il en avait rapporté d'autres encore; mais je sentis qu'il était prudent de les garder en réserve, pour repousser les dénégations ministérielles qui ne pouvaient manquer de se produire; et en effet une dénégation eut lieu dans le *Journal de Paris* du 12 octobre. Alors je persistai dans mes premières assertions, en les corroborant des détails que j'avais tenus à l'écart, et en portant à mes contradicteurs le défi de me traduire à une autre barre que celle de la feuille ministérielle. Sur ce, nouvelle et plus formelle dénégation du *Journal de Paris*:

« *La Nouvelle Minerve*, disait-il, n'est pas mieux informée « cette fois que la première. Présentés sous cette forme ou « sous toute autre, les faits qu'elle avance sont également con-

« trouvés. Nous sommes autorisés à leur opposer la dénégation « la plus formelle. M. le ministre des affaires étrangères n'a « jamais vu l'officier dont il est question ; il ne lui a jamais « parlé ; il ne lui a demandé ni fait demander aucun mémoire. « Ni M. le ministre des affaires étrangères, ni M. le ministre de « l'instruction publique, n'ont jamais assisté à la lecture d'un « tel mémoire. L'article du *Journal des Débats*, et les sources, « quelles qu'elles soient, auxquelles l'auteur de cet article a « pu puiser, leur sont complètement étrangers.

« Quant au défi porté par le rédacteur de *la Nouvelle Minerve*, « évidemment ce n'est qu'un piége. En effet, pour que l'im- « putation d'un fait soit qualifiée délit par la loi pénale et de- « vienne passible de poursuites, il ne suffit pas que ce fait soit « faux ; l'imputation d'avoir demandé un mémoire à un of- « ficier, et d'avoir ensuite assisté à la lecture de ce mémoire, « est une erreur de la part de celui qui la répète, une invention « malveillante de la part de celui qui l'a le premier mise en « avant ; mais, ne réunissant pas tous les caractères d'un délit « prévu par la loi, il ne pourrait en résulter, en cas de pour- « suites, qu'un acquittement dont on abuserait alors pour « soutenir la vérité même de l'imputation. »

« Que devais-je faire alors ? Certain de l'exactitude de mes renseignemens, aller droit au général Latapi et faire un ap- pel à sa loyauté.

« Cet officier ne me cacha point qu'il redoutait les vengean- ces du pouvoir, et qu'il était vulnérable, pour les ministres, par plus d'un côté. Il hésita donc ; mais, il faut être juste, il finit par se rendre à mon appel.

« En présence de deux témoins de notre conférence, il fut arrêté qu'une lettre serait écrite, laquelle contiendrait, dans les termes les moins inoffensifs pour le ministère, la confirma- tion des faits avancés par *la Nouvelle Minerve*, et un démenti formel aux assertions contradictoires du *Journal de Paris*.

« Messieurs les jurés, je l'avouerai, la position du général Latapi me parut des plus pénibles, et j'aurais été désolé d'imposer à cet officier un autre sacrifice que celui que réclamaient impérieusement et ma responsabilité et le caractère de véracité du journal que je rédige.

« La lettre fut rédigée par un des témoins. L'esprit en fut donné et discuté par le général Latapi. La lettre fut conçue en trois phrases ; à mesure que chacune d'elles sortait de la plume de l'écrivain, elle était soumise à la critique et à l'approbation du général Latapi ; puis, lorsqu'elle fut complète, on la lui lut en entier. Il la prit dans ses mains, et la relut lui-même ; il passa un quart d'heure en méditation, et enfin il la signa; et, s'étant aperçu qu'elle ne portait point de date, il en fit l'observation et l'écrivit de sa main ; après quoi il me remit cette lettre, et nous nous séparâmes.

« C'est alors, messieurs les jurés, que j'écrivis à mon tour au *Courrier Français* la lettre qu'on incrimine aujourd'hui. Elle est sous vos yeux. Vous connaissez toutes les circonstances qui l'ont amenée ; c'est à vous à décider si elle est effectivement empreinte de ce caractère de diffamation et de cette aversion de toute règle et de tout frein que l'accusation a eu la rare perspicacité d'y découvrir. Quant à moi, ma tâche est à peu près remplie.

« Je n'ai point cherché des moyens de défense dans de vaines dénégations, dans de frivoles subtilités indignes de vous et de moi. Je vous ai exposé les faits tels qu'ils sont, et non pas tels que les a faits l'accusation.

« Messieurs les jurés, quelques mots encore et je finis. Si vous pensez que cinq ans après la révolution de juillet, les franchises ne doivent point s'étendre jusqu'à l'articulation d'un fait vrai ; si vous croyez qu'aimer par dessus toute chose la liberté et le pays soit un délit ; s'il vous semble que la qualité d'écrivain dépouille celui qui la porte de sa dignité d'homme, et qu'il lui est interdit de repousser avec fermeté un démenti non mérité, de quelque part qu'il vienne, vous me condamnerez, car dans ce cas je suis coupable au premier chef.

« Mais si, comme je n'en doute point, votre conscience et votre raison vous disent que je n'ai fait dans tout ceci qu'user d'un droit et remplir un devoir, vous m'acquitterez, sans calculer à travers combien de procès, justes ou non, il faut passer pour arriver à l'omnipotence ministérielle.

« Non, vous ne mettrez point les plus étranges susceptibilités sous la protection d'une injustice. »

Me Ledru-Rollin prend la parole :

« Pauvre presse! s'écrie l'avocat, on l'accuse de violence, et à cette audience même vous avez entendu contre elle les attaques les plus violentes. On demande des lois d'intimidation, en disant que le roi est seul à l'abri des attaques; et aujourd'hui cinq procès de presse sont appelés à la barre! Autrefois, sous la restauration, quand un de ces procès était intenté, c'était presque une solennité, et aujourd'hui il faut un rôle! La civilisation prend son tour pour se faire juger par le jury. On a beau dire, messieurs, la presse tend la main à la civilisation; le triomphe de l'une doit amener le triomphe de l'autre. »

Après avoir rappelé les faits, Me Ledru-Rollin entre dans la discussion :

« Et d'abord, dit-il, il est un point qu'il faut remarquer : le *Journal de Paris* lui-même a déclaré dans un de ses numéros que le fait imputé par M. Latapi à M. le ministre des affaires étrangères ne constituait pas un fait diffamatoire. Or, de deux choses l'une, ou c'est M. le ministre des affaires étrangères qui a parlé par l'organe du *Journal de Paris*, ou c'est le *Journal de Paris* lui-même. Si c'est le *Journal de Paris*, pas de difficultés, pas de procès possible; mais si c'est M. le ministre des affaires étrangères, il ne faut pas diviser ses déclarations. Et lorsqu'en disant d'une part qu'on lui impute un fait faux, il dit de l'autre que le fait n'est pas diffamatoire, il n'y a pas non plus encore de procès possible.

« Ainsi, ce n'est pas M. de Broglie qui fait le procès; il le subit! Le procès vient de plus haut; et c'est à tort qu'on vient parler d'honneur, lorsque M. le duc de Broglie ne voit pas le sien attaqué. »

Me Ledru-Rollin soutient que M. Sarrans ne peut être reprochable d'avoir, surtout en présence des journaux anglais, qui accusaient la France de vouloir le rétablissement de don Carlos, d'avoir cru M. Latapi, homme discrédité aujourd'hui, mais il y a quelques jours encore homme honoré, officier estimé, brave, colonel de Napoléon et aide-de-camp du généralissime de don Carlos. Sarrans est donc de bonne foi!

« Maintenant, continue l'avocat, on nous demande de prouver que les faits articulés sont vrais. Mais il est des hommes contre lesquels on ne peut rien prouver, et au nombre de ces hommes est bien certainement un ministre des affaires étrangères, le plus habile par hypothèse de tous les ministres. Louis XI disait : « Brouillez, brouillez les cartes, mentez, et « vous demanderez des indulgences à Notre-Dame. » Eh bien! c'est ce que font les ministres ; ils brouillent les cartes, ils mentent, mentent toujours, et puis ils viennent vous dire : On ne prouve rien contre nous.

« Mais s'il n'y a pas de preuves, il y a des indices! Et quand vous vous rappellerez, messieurs, ces journaux anglais qui accusent le ministère doctrinaire, ces bruits d'armes qui arrivent sourdement en Espagne, et puis, après tout cela, ces lignes incroyables du *Journal des Débats*, vous tremblerez, messieurs, en vous voyant si près de don Carlos et de la légitimité espagnole. »

Me Ledru-Rollin termine sa chaleureuse improvisation en parlant du caractère personnel de M. Sarrans. « C'était, dit-il, l'ami de Lafayette; il recevait ses pensées les plus intimes. L'ombre de Lafayette s'élève pour le protéger! Vous l'acquitterez, messieurs, et vous ferez votre devoir! »

IX. REPLIQUE DE Me CHAIX-D'EST-ANGE.

Me Chaix-d'Est-Ange prend la parole pour répliquer : les paroles incisives du défenseur de M. Sarrans lui font un devoir d'insister sur une condamnation que d'une voix timide il avait à peine demandée contre ce dernier. L'orateur revient, en peu de mots, sur sa précédente discussion, et fixe de nouveau, d'après la loi, les véritables caractères de la diffamation. Il soutient qu'il est impossible de ne pas reconnaître dans l'article tous les caractères de la diffamation la plus odieuse et la plus éclatante.

« Si M. le duc de Broglie a menti à la face de l'Europe, M. de Broglie n'est qu'un malhonnête homme. Il y a donc diffamation punissable par la loi, puisque la preuve des faits diffamatoires n'a été et n'a pu être rapportée. »

Me Chaix discute en peu de mots la partie de l'article du *Journal de Paris* qui fait suite au démenti donné avec cette formule : *Nous sommes autorisés à démentir.* « On conçoit parfaitement que cette formule indique un démenti officiel; mais le même caractère ne peut être attribué à ce qui suit, aux réflexions qui suivent et qui ne sont autres que les théories du rédacteur, du jurisconsulte du *Journal de Paris*. Le jurisconsulte s'est trompé. Il y a, quoi qu'il en ait dit, diffamation, car si les faits étaient vrais, il y aurait, dans toutes les positions données, l'œuvre d'un malhonnête homme.

« Il fallait faire la preuve, et la preuve était impossible. M. Sarrans l'a bien senti, aussi s'est-il bien gardé d'aborder ce point. Il a compris qu'il était battu sur ce terrain. Je suis fâché qu'en homme loyal il ne l'ait pas reconnu. Quoi de plus honorable en effet, au monde, que l'acte d'un homme d'honneur qui reconnaît une erreur?

« Nous avons demandé à M. Sarrans ses preuves; son avocat nous a repondu : « Je n'en ai pas, mais j'ai une théorie.... C'est qu'on ne fait pas de preuve contre un ministre. » Dans quel siècle vivons-nous donc? Eh quoi! un homme est fonctionnaire public; il occupe un poste envié de tous, un poste admirable; tout y est roses et délices, je le veux bien; mais pourtant, prenez garde, il faut que sa vie, sa vie tout entière soit livrée au public; il faut qu'elle puisse être tous les jours attaquée, la loi le veut ainsi. Mais dans ce cas la loi demande des preuves. Eh bien! au lieu de preuves, on vient avec une théorie. On n'a pas besoin de prouver contre un ministre. On peut l'accuser d'avoir volé, on n'a pas besoin de prouver. On peut lui dire : Vous avez empoisonné votre père, on n'a pas besoin de preuve.

« Arrière une telle doctrine! Entendons mieux la liberté; prenons-la avec ses maximes, ses principes et toute la latitude de droits qu'elle vous laisse. Discutez les actes, examinez la vie du fonctionnaire, mais ne parlez pas sans preuves. Lorsqu'on vous amène à cette preuve après vos provocations, vos défis, comptant sans doute sur la faiblesse du jury; lorsque nous sommes à cette barre, au lieu de reculer comme il faut le faire quand on se trompe, vous dites.... non, ce n'est pas vous, c'est votre avocat; votre avocat vient dire : « Je n'ai pas de « preuve, mais peut-être est-ce vrai. Il y a bien quelque chose. « Il y a les journaux d'hier, d'avant-hier. »

« Mais acceptez donc loyalement et en conscience le combat lorsque vous êtes en face d'un ennemi. Oui, quand vos accusations sont fondées, quand votre droit est certain, que votre voix tonne et s'emporte, soit; mais si vous n'avez pas de preuves; dites-le donc, au moins, avouez-le; dites : « Je n'ai pas de preuves, » mais ne venez pas, avec des paroles équivoques, envenimer encore la querelle. Renoncez plutôt à votre erreur, plaidez votre bonne foi. La loi dit que vous serez admis à faire preuve; vous n'avez pas fait preuve. Tout est dit pour la justice : pour elle qu'y a-t-il désormais à faire? Il n'y a plus qu'à condamner. »

Me Chaix-d'Est-Ange reproduit ici ce qu'il a dit sur le sieur Latapi, et s'attache à démontrer que non-seulement des récits émanés de lui ne devaient être accueillis qu'avec une extrême défiance, mais encore qu'il y a délit grave à leur avoir, en les accueillant, en se les appropriant, imprimé un caractère de danger qu'ils n'auraient pas eu sans cela.

« Eh! quoi, messieurs, dit en terminant Me Chaix-d'Est-Ange, j'ai entendu gémir sur le sort de la presse. « Pauvre

« presse, a-t-on dit, pauvre presse si souvent soumise à de « tels débats!... « Oui, messieurs, oui, pauvre presse, en effet, s'il fallait si souvent, si publiquement, à la face de la France, lever de tels appareils et découvrir de telles plaies! Oui, pauvre presse, s'il n'était plus permis de combattre ces maximes et de repousser ces calomnies! Où en serions-nous? Ce ne serait plus la presse attentive, libérale, veillant aux droits de chacun, aux libertés de tous; mais la presse turbulente et agressive, entrant dans la vie privée des hommes, calomniant sans preuves, puis appelée en justice, et forcée alors de dire : Je ne puis prouver...... Pauvre presse!

« Il n'en sera pas ainsi; un tel exemple ne sera pas donné. Ceux contre lesquels je parle reconnaîtront eux-mêmes le danger de ces abus, car ceux contre lesquels je parle, rentrant en eux-mêmes, songeant au repos de leur foyer domestique, à l'honneur de leur vie publique, se diront : Et nous aussi on peut nous calomnier à notre tour, et nous laisser sans preuve sous le poids odieux du soupçon. Non, il n'en sera pas ainsi, parce que vous, messieurs, vous la justice du pays, défenseurs des droits de tous, laissant à la liberté tout ce qu'elle doit avoir, vous saurez en même temps la renfermer dans ses justes limites, et vous aurez le courage de proclamer que si la mission de la presse est d'être vigilante, sévère envers les dépositaires de l'autorité publique, elle devient coupable quand elle les calomnie. Voilà ce que vous enseignerez, et nos adversaires eux-mêmes reconnaîtront votre justice. »

X. RÉPLIQUES DIVERSES.

M. le procureur-général réplique. Ce magistrat insiste sur la plainte, en disant qu'il est impossible de se méprendre sur les faits imputés à M. le duc de Broglie. Ils sont diffamatoires! ils attaquent la loyauté, la franchise de M. le duc de Broglie, car on lui dit qu'il est un imposteur; et qu'il s'est sali par un mensonge.

M. le procureur-général déclare que les réflexions du *Jour-*

5

nal de Paris ne peuvent être d'aucun poids dans la cause. Elles n'émanent pas de M. le duc de Broglie, et elles sont d'ailleurs antérieures au démenti qui a amené et nécessité la plainte.

« M. Sarrans l'a dit, messieurs, le devoir de la presse, c'est, lorsqu'un bruit lui arrive, de remonter aux sources ; c'est à ce prix seulement qu'elle accomplit sa mission, et qu'elle mérite la confiance et les bénédictions d'un pays. Mais, lorqu'elle se fait l'écho des bruits les plus diffamatoires, des inculpations les plus insultantes, elle mérite répression. Nous nous en rapportons, messieurs les jurés, à votre justice, à votre impartialité. »

Me Ledru-Rollin : « Il paraît que la défense de M. Sarrans n'était pas sans quelque force, car, pour la combattre, on a été obligé de la dénaturer.

« Je n'ai pas dit qu'on ne devait pas prouver contre un ministre. J'ai dit, et on m'a bien compris, qu'on ne pouvait pas prouver contre lui. Et, lorsqu'on a supposé le cas où un ministre volerait ou tuerait, on s'est jeté dans des suppositions qu'on savait fausses ; on savait bien que je parlais de faits politiques dont la preuve peut échapper ; et si vous connaissez M. de Broglie pour homme habile, fin, et que vous pensiez qu'il ait pu vouloir faire disparaître les traces d'un traité, vous ne pensez pas qu'il en aura dressé un acte authentique. »

Après avoir rapidement reproduit les argumens de sa plaidoirie, Me Ledru-Rollin termine en ces termes :

« Eh ! après tout, quel est donc l'homme qui se montre si peu indulgent, et qui voudrait que la presse ne faillît jamais? M. le duc de Broglie ! Ah ! la série de ses fautes est grande !

« Président, sous la restauration, de la société pour l'abolition de l'esclavage, il vient comme ministre en demander le maintien. Devant la chambre des pairs, il ne veut pas de la loi proposée contre les Bourbons ; il dit que le Code pénal suffit ; et, lors de l'arrestation de la duchesse de Berry, le Code pénal, dit-il, est insuffisant....

M. le président, interrompant : Vous n'avez pas le droit de traduire ainsi M. de Broglie à la barre pour ce qu'il a dit dans les chambres.

Me Ledru-Rollin : « Je comprends qu'on veuille m'empêcher de continuer... »

M. le procureur-général : Il est impossible...

Me Ledru-Rollin : « Le terrain est brûlant ; je le quitte en disant toutefois que, lorsqu'on a si souvent failli, il faut avoir pour les autres un peu d'indulgence. Vous vous souviendrez, messieurs, que si M. le duc de Broglie n'est pas impeccable, il n'a pas le droit d'être impitoyable. »

M. Sarrans prend de nouveau la parole et s'efforce de replacer la discussion sur sa véritable base ; il parcourt succinctement toutes les phases du procès, et démontre qu'il a pris tous les renseignemens et s'est armé de toutes les autorités qui pouvaient mettre sa responsabilité à couvert ; il combat surtout des argumens que ses adversaires ont puisés dans des articles de *la Nouvelle Minerve* non incriminés, et il établit qu'à moins de revenir aux procès de tendance, dans l'espèce, le délit manque à l'accusation ; puis, s'emparant d'une phrase de l'avocat de la partie civile, il termine en ces termes : « Messieurs les jurés, on n'a pas craint de vous dire que je comptais sur votre faiblesse. Quelle insulte ! Et qui donc a donné à mes adversaires le droit d'intimider vos consciences en flétrissant d'avance votre verdict ? Moi, compter sur votre faiblesse ! Messieurs les jurés, je fais, au contraire, un appel à toute votre énergie, car il vous faut de l'énergie pour me défendre contre les ennemis qui me pressent de tous côtés, et pour déjouer les subtilités qu'on a déployées contre mon droit. Ainsi, messieurs, c'est sur votre énergie que je compte ; je compte plus encore sur votre conscience et votre honneur. »

XI. VERDICT ET ARRÊT.

M. le président présente le résumé des débats, et donne lecture des questions suivantes :

1° Sarrans est-il coupable d'avoir, par un article imprimé

et publié, diffamé M. le duc de Broglie, président du conseil et ministre des affaires étrangères, à l'occasion de ses fonctions?

2° Latapi est-il coupable, etc. (Même question.)

Après un quart d'heure de délibération, le jury apporte une réponse affirmative sur les deux questions.

M. le procureur-général requiert l'application de la loi.

M. Tessier, avoué de M. le duc de Broglie, conclut à la condamnation aux dépens, pour tous dommages-intérêts.

Me Ledru-Rollin : Je demande acte de ce que M. Latapi, au lieu d'être représenté par un avoué, ne l'a été que par un avocat qui n'avait pas qualité pour intervenir comme fondé de pouvoir.

M. le président : C'est une question : je prie au surplus Me Bouloumier d'expliquer à la Cour sa position à cet égard.

Me Bouloumier : M. Latapi avait donné un pouvoir écrit à M. Lemaire, avoué, qui ne s'est pas présenté; mais il m'a prié verbalement de le représenter dans le cas où son avoué ne viendrait pas. Je crois, au surplus, devoir rappeler à la Cour les services rendus par M. Latapi à son pays, et faire un appel à son indulgence.

La Cour se retire pour délibérer.

Après vingt-cinq minutes de délibération, elle rend un arrêt qui condamne M. Sarrans à quinze jours d'emprisonnement et 2,000 francs d'amende; M. Latapi à deux mois d'emprisonnement, 2,000 francs d'amende et deux mois d'interdiction des droits civils, et tous deux aux dépens envers la partie civile pour tous dommages-intérêts.

La Cour, par son arrêt, a donné acte à la partie de Me Ledru-Rollin de ce qu'en l'absence du fondé de pouvoir écrit de Latapi, celui-ci a été représenté par Me Bouloumier, avocat, qui a déclaré être fondé de ses pouvoirs verbaux.

—Le pourvoi en cassation, fondé principalement sur le motif exprimé dans les réserves de Me Ledru-Rollin, a été rejeté. (Cour de cassation, décembre 1835.)

PARIS.—IMPRIMERIE DE DEZAUCHE, FAUBOURG MONTMARTRE, N° 11.

www.ingramcontent.com/pod-product-compliance
Ingram Content Group UK Ltd.
Pitfield, Milton Keynes, MK11 3LW, UK
UKHW021945260726
13994UKWH00004B/1542

9 782329 115429